AF265817

PROJETS

DE

NOUVEAUX IMPOTS

PAR

ÉMILE GAUDCHAUX-PICARD

ANCIEN MANUFACTURIER A NANCY

***

PARIS

BERGER-LEVRAULT ET Cie, LIBRAIRES-ÉDITEURS

5, RUE DES BEAUX-ARTS, 5

1872

PROJETS

DE

NOUVEAUX IMPOTS

NANCY, IMPRIMERIE BERGER-LEVRAULT ET Cie.

PROJETS

DE

NOUVEAUX IMPOTS

PAR

ÉMILE GAUDCHAUX-PICARD

ANCIEN MANUFACTURIER A NANCY

PARIS

BERGER-LEVRAULT ET Cie, LIBRAIRES-ÉDITEURS

5, RUE DES BEAUX-ARTS, 5

1872

PROJETS

DE

NOUVEAUX IMPOTS

PRÉAMBULE A TOUS LES PROJETS.

L'auteur n'a pas la prétention de présenter un travail parfait.

Il n'a voulu que donner un cadre dans lequel les hommes compétents feront peut-être entrer d'autres idées que les siennes.

Le défaut de temps, de documents surtout, ne lui permet souvent que des appréciations.

Les chiffres proposés par lui sont simplement des moyennes, notamment dans les fixations de taxes; ils sont à élever ou à abaisser suivant un tarif à combiner avec la valeur des différents objets de même matière ou de même nature.

L'auteur a consulté avec fruit pour son travail le *Bulletin des Lois*, Dalloz, Pelouze, Peligot, Turgan, Bontemps, Isoard, etc., et, grâce à eux, il espère avoir évité des exagérations ou des idées hasardées.

CONSIDÉRATIONS GÉNÉRALES.

La France a malheureusement besoin de trouver de nouveaux impôts. Le Gouvernement en a demandé un sur les matières premières (juste suivant nous dans de certaines limites). Son projet a soulevé de nombreuses réclamations et a failli nous amener des bouleversements nouveaux. L'industrie, qui ne voulait pas de cet impôt, a proposé d'en payer le montant sous une autre forme et quand, maintenant, il s'agit de trouver cette forme, de nouvelles protestations s'élèvent.

Nous aussi, nous venons proposer nos idées, et, pour aborder de suite notre sujet, nous partons de ces trois données que nous considérons comme définitivement établies:

1° Le contribuable veut payer parce qu'il sait que c'est indispensable; mais tout patriote qu'il est, il désire que tous payent, et payent dans de certaines proportions.

2° Le Gouvernement ne tient à l'impôt des matières premières que parce qu'il n'en voit pas d'autre pouvant lui rapporter plus efficacement les revenus dont il a besoin: et il ferait volontiers le sacrifice de son projet, si on lui en procurait un autre équivalent et plus conforme au désir des contribuables qui ne se récrient pas contre l'impôt, mais contre sa forme. D'ailleurs, le Gouvernement serait fort aise, comme il l'a dit, et comme chacun l'a compris, de n'en venir à cet impôt que lorsque l'impossibilité de tous autres aura été démontrée.

3° L'industrie offre de payer sa part dans l'impôt: elle comprend même qu'elle n'est que le percepteur du Gouvernement, son intermédiaire recevant l'argent de tous les consommateurs. Tout ce qu'elle veut, c'est que cet intermédiaire ne diminue pas les exportations, qui, seules, peuvent rétablir nos finances, ou n'altère pas la consommation en surélevant le prix de certaines marchandises à l'intérieur. Elle ne veut pas non plus être soumise à l'inquisition, à l'arbitraire ou à la vexation : c'est pourquoi elle repousse la taxe des matières premières, l'impôt sur les factures, l'impôt sur le chiffre des affaires, etc., etc. La Bourse, de son côté, ne veut pas de l'impôt sur les valeurs mobilières, tandis que les capitalistes rejettent l'impôt sur le revenu.

Ces trois points étant admis, il ne s'agit plus pour nous que de trouver un impôt qui, satisfaisant à ces trois *desiderata,* réponde aussi aux règles générales économiques en matière de taxes, ou même de remanier quelque ancien impôt, dont l'assiette soit utile à changer au point de vue général.

D'après Adam Smith, pour être bon, un impôt doit :

1º Être proportionnel, comme le sont notamment les frais de régie à l'égard des copropriétaires ;

2º Être certain, clair, précis, jamais arbitraire ;

3º Être perçu suivant le mode et à l'époque le plus commodes pour les contribuables ;

4º Ne pas exiger de grands frais de perception.

D'après d'autres économistes, l'impôt ne doit pas attaquer le capital, mais s'en prendre aux revenus seulement et être perçu annuellement pour être modéré. Il doit être aussi multiple que varié, afin d'atteindre toutes les classes de contribuables et de ne pas nuire à la production ou à la consommation.

«Les droits sur les marchandises, dit Montesquieu, sont ceux «que les peuples sentent le moins, parce qu'on ne leur fait pas «une demande formelle. Ils peuvent être si sagement aménagés, «que le peuple ignorera presque qu'il les paye. Pour cela, il est «nécessaire que ce soit celui qui vend la marchandise qui paye le «droit. Il sait bien qu'il ne paye pas pour lui, et l'acheteur qui «dans le fond le paye le confond avec le prix.» (*Esprit des Lois,* chapitre XIII, livre VII.)

«Il faut qu'il y ait quelque rapport entre les marchandises et

« l'impôt et que sur une denrée de peu de valeur on ne mette
« pas un droit excessif. » (Montesquieu, *Esprit des Lois,* chapitre XIII,
livre VIII.)

Tels sont les principaux caractères que doit revêtir un bon impôt.
Et, à nos yeux, tout impôt ayant autant que possible ces caractères, et remplissant aussi autant que possible les vœux des contribuables, remplira le mieux *aussi* les intentions du Gouvernement, qui, en somme, ne tient qu'à satisfaire à des besoins
malheureusement trop réels.

Beaucoup, sans doute, proposeront d'autres impôts valant les
nôtres, mais nous considérons comme un devoir de venir apporter
notre pierre à la maison commune.

Et nous demandons quant à nous :

1° La réforme de l'impôt des portes et fenêtres
sans augmentation de taxe, mais avec un produit en
plus de   19,000,000

2° Un impôt sur la verrerie, sans nuire à l'exportation ni à la consommation intérieure, de . . .   36,000,000

3° Un impôt général sur les vitres et glaces exis-
tantes.   70,000,000

4° Un impôt particulier sur les vitres et glaces
de l'industrie et du commerce.   25,000,000

Total 150,000,000

en principal, pour quatre projets à examiner.

PREMIER IMPOT.

RÉFORME DE L'IMPOT DES PORTES ET FENÊTRES
SANS AUGMENTATION DE TAXE.

Législation et historique.

La loi du 4 frimaire an VII (24 novembre 1798) porte établissement d'une contribution sur les portes et fenêtres. Elle exempte celles qui servent à aérer ou à éclairer les granges, bergeries, étables, greniers, caves et autres locaux non destinés à l'habitation des hommes, ainsi que toutes les ouvertures du comble ou toiture des maisons habitées.

La loi du 4-14 germinal an XI (25 novembre 1803) dit à l'article 19 : Les propriétaires des manufactures ne seront taxés que pour les fenêtres de leurs habitations personnelles et celles de concierges et commis. En cas de difficultés sur ce qu'on doit considérer comme manufacture, il y sera statué par le conseil de préfecture.

La loi du 13 floréal an X avait, auparavant déjà, fait de l'impôt qui nous occupe, un impôt de répartition, fixé à 16 millions en principal, et établi 10 centimes additionnels par franc pour confection des rôles, dégrèvements et non-valeurs. Elle avait donné un tarif modèle et les moyens de répartition.

Différentes lois subséquentes augmentèrent jusqu'à 100 centimes, momentanément il est vrai, les centimes additionnels pour revenir aux...... centimes qui existent aujourd'hui et firent de cet impôt un impôt de quotité au lieu d'un impôt de répartition, pour revenir enfin à la forme usitée actuellement, la répartition.

La loi du 21-28 avril 1832 donne le tarif encore en vigueur, applicable aux portes et fenêtres (on peut estimer à 75 ou 80 centimes l'impôt annuel moyen par ouverture). — (Voyez le tableau A.)

La même loi donne de nouvelles exemptions ou modérations, mais impose les fenêtres de toiture éclairant des pièces habitables.

La loi des 14-18 juillet 1838 dit qu'à partir de 1842 il sera soumis aux Chambres, de 10 ans en 10 ans, un nouveau projet de répartition entre les départements de la contribution des portes et fenêtres. A cet effet les agents continueront de tenir au courant les renseignements destinés à faire connaître le nombre des portes et fenêtres imposables.

L'article 2 de la loi des 4-14 août 1849 prescrit au Ministre de présenter un projet de loi qui modifiera l'assiette de la contribution des portes et fenêtres.

Il y a aussi dans la législation quelques mesures relatives à plusieurs grandes villes, mais qui ne concernent en rien la question qui nous occupe.

Pourquoi nous proposons ce premier impôt.

Les exemptions de l'impôt des portes et fenêtres accordées par la loi sont de trois sortes :
I. En faveur de l'industrie ;
II. En faveur de l'agriculture ;
III. En faveur des locaux affectés à un service public.

I.

Pour l'industrie on a voulu en 1803, à l'époque où l'on cherchait à créer notre industrie nationale, protéger nos premières fabriques et assurer l'aération et la lumière aux ouvriers occupés dans les manufactures.

En 1803, on ignorait encore les véritables lois de l'économie industrielle. Depuis cette époque, l'industrie a acquis un énorme développement, et la protection que lui assure l'exemption est fort minime pour chaque établissement. Elle est hors de proportion surtout avec le chiffre d'affaires de chaque industriel exempté.

Il y a là un privilége fort inutile à conserver et complétement en désaccord avec les lois économiques générales et particulièrement avec la loi économique des impôts.

Les progrès de la science, des idées humanitaires, de l'industrie elle-même, ne permettent plus de croire que l'impôt appliqué aux fenêtres des manufactures diminuerait le nombre de ces ouvertures.

Les industriels, d'ailleurs, seraient les premières victimes d'une suppression malheureuse du jour qui éclaire les ateliers et ont évidemment fait leurs aménagements en raison des portes et fenêtres actuellement établies.

Enfin, la suppression des ouvertures entraînerait des frais bien plus considérables que le payement de l'impôt.

II.

Pour l'agriculture, tout en la protégeant, il faut tenir compte des charges naturelles et légitimes qu'elle doit supporter, surtout en les allégeant dans la mesure la plus forte possible.

L'agriculture sait aujourd'hui que l'air et la lumière sont les principaux agents de l'élève du bétail et de la conservation des denrées agricoles.

Elle aussi a fait d'immenses progrès, elle connaît ses intérêts et n'a plus besoin de cette protection particulière.

Elle a plutôt besoin d'augmenter l'ouverture de ses engrangements et de ses étables que d'en diminuer le nombre, et comprend très-bien que toute suppression partielle des ouvertures supprimerait une partie plus grande de ses bénéfices.

III.

Pour les édifices publics, la loi, en les exemptant, a agi avec beaucoup de logique, mais nous verrons que des abus se sont introduits dans la classification de ce qui n'est pas édifices publics.

On a aussi fort inutilement exempté les locaux non habités par les hommes, comme les greniers, les caves, les locaux éclairés par une flamande, les chalets, les laiteries, les serres, les orangeries, les remises et pressoirs particuliers, les œils-de-bœuf, les vitrages au-dessus des portes, etc., etc.

Puis on est arrivé à une foule d'autres exemptions ou diminutions de taxe par une interprétation des textes toujours défavorable à l'État, notamment pour les ouvertures des magasins et pour le compte insuffisant des ouvertures de beaucoup de maisons. D'où cette conséquence que des ouvertures ne payent pas ou payent moins qu'elles ne le devraient.

Enfin, la loi exempte aussi les ouvertures intérieures des bâtiments recevant indirectement l'air et la lumière par les ouvertures payant déjà l'impôt; il y aurait là aussi quelque chose à faire dans l'intérêt de nos finances.

Pour tous ces motifs et tous autres à suppléer, l'auteur proposerait ce qui suit :

ARTICLE PREMIER. A partir du..... tous *priviléges* en matière d'impôt de portes et fenêtres sont *supprimés*. Cet impôt s'appliquera notamment aux manufactures.

ART. 2. L'agriculture payera également ses ouvertures dans la proportion de (*tout, moitié ou quart seulement*).

ART. 3. Les ouvertures intérieures des bâtiments[1], telles que portes, flamandes, séparations vitrées, fenêtres intérieures, impostes, etc., payeront également l'impôt dans une proportion de (*tout, moitié ou quart seulement*).

---

[1]. Pour éviter tout ce qui ressemblerait à une visite de domicile intérieure, on pourrait mettre sur les rôles au 10e de la contribution extérieure cette nouvelle contribution intérieure, avec droit pour le contribuable de réclamer la visite des vérificateurs. Personne ne la réclamerait probablement. Mais néanmoins dans nos évaluations nous ne la portons que pour un 15e au lieu d'un 10e du montant total nouveau de la contribution des portes et fenêtres, déduction faite des 3,600,000 fr. que produirait la contribution intérieure elle-même.

Art. 4. Les greniers, caves, etc., ne jouiront plus d'aucune exemption.

Art. 5. Seront seuls exemptés les bâtiments servant réellement à un service de l'État et les seules ouvertures qui seront déterminées par une loi à intervenir et qui sera présentée à l'Assemblée dans un délai de.....

Art. 6. Il n'est rien innové aux modes de répartition, de réclamation, de classement et autres règles générales de l'impôt. Seulement les portes et fenêtres des manufactures seront toujours considérées comme appartenant à une commune de 50,000 âmes au moins, quand elles seront dans une commune dont la population n'atteindra pas ce chiffre.

Art. 7. Une somme de..... sera portée tous les ans au budget comme résultant de la présente loi et s'ajoutera à la contribution actuellement perçue.

Art. 8. La présente contribution *est entièrement à la charge du propriétaire de la manufacture*, et se partage entre les propriétaires et les locataires pour tous établissements autres que manufactures, tels que les établissements agricoles (le tout sauf convention contraire dans les baux existants ou à intervenir par la suite).

Art. 9. *Les centimes additionnels généraux pour subvenir aux nouveaux frais de perception, non-valeurs, etc. (les fixer, si c'est nécessaire et donner leur emploi particulier, si l'on veut).*

Art. 10. Un règlement d'administration publique résumera la législation existante sur la matière et fera disparaître certains classements onéreux à l'État faits par assimilation.

Art. 11. Toutes les lois contraires, etc., etc.

Évaluation de la recette probable
du premier impôt.

En admettant le chiffre de 40 millions pour la contribution actuelle[1], il semble qu'il n'y aurait pas exagération à porter à 20 millions environ celui que produirait, *non pas l'augmentation de l'impôt, nous n'en proposons pas,* mais *la réforme* raisonnée et raisonnable de *priviléges* établis autrefois par des raisons qui ont cessé d'exister et d'avoir un motif plausible.

On rentrerait tout naturellement dans le droit commun, ce qui est conforme aux principes de toutes les sociétés modernes. Nous comptons que :

L'article 1er pourrait produire au moins le cinquième de la contribution actuelle de 40 millions, chiffre rond.

	Francs.
Soit (avec aggravation de l'article 6)	8,000,000
L'article 2, le quinzième de la contribution actuelle	2,500,000
L'article 3, le quinzième de la contribution actuelle et de la nouvelle proposée.	3,600,000
L'article 4, le vingtième de la contribution actuelle et de la nouvelle proposée.	2,700,000
L'article 5, remaniement des concessions trop fortes, réparation d'omissions, d'erreurs de classement, etc.[2]	2,200,000
TOTAL du produit du premier impôt proposé. .	19,000,000

1. Arrêté en principe à 22 millions, l'impôt des portes et fenêtres a produit :

35,000,000 de francs en	1848
37,344,000 — pour le budget de	1853
37,056,000 — — —	1866
39,719,000 — — —	1871
36,914,000 — — —	1872 *

2. On pourrait aussi compter les ouvertures mobiles ou roulantes, telles que celles des wagons de chemin de fer, des diligences, des omnibus, des voitures de place, de maître, etc., etc.

* Loi du 4 septembre 1872.

DEUXIÈME IMPOT.

IMPOT SUR LA VERRERIE

SANS NUIRE

A LA CONSOMMATION INTÉRIEURE ET A L'EXPORTATION.

Considérations générales.

Il est certain que le verre à vitre était connu à la fin du troisième siècle.

Les verreries des Gaules étaient déjà renommées du temps des Mérovingiens. En 690, un moine anglais, Bissope, vint chercher des ouvriers verriers en France.

Au seizième siècle, nos victoires en Italie eurent pour effet de répandre encore davantage les verreries en France. Henri II établit à Saint-Germain-en-Laye une verrerie à l'imitation de celle de Murano.

Colbert fonda les manufactures de glaces dans notre pays et réussit alors que les tentatives du seizième siècle avaient échoué. Dès 1670, il écrivait : «Les glaces françaises ne le cèdent en rien aux glaces vénitiennes.»

Dans un grand nombre de provinces, il existait des gentils-hommes verriers ou gentilhommes pouvant, sans déroger, se livrer à la profession de verrier[1].

---

[1].

Gentilhomme de verre,

Si vous tombez à terre,

Adieu vos qualités,

disait Maynard, le poëte, de Saint-Amant, qui était fils d'un gentilhomme verrier.

Le fait existe encore un peu aujourd'hui. Beaucoup de verreries sont aux mains de puissantes familles anciennes, nobles pour la plupart, riches presque toutes. D'autres sont exploitées par de grandes Compagnies qui font parfois même un peu de monopole et gèrent souvent, à côté des verreries, des houillères ou d'autres établissements industriels importants.

Il n'y a dans cette industrie que fort peu de fabriques, et on peut évaluer au plus à 250 le nombre des usines (dont 150 petites) qui fabriquent le verre avant de le livrer à la consommation; 144 établissements font 63 millions d'affaires (voyez les tableaux B et suivants).

Nous estimons entre 75 et 80 millions de francs la production totale de la verrerie en France.

L'*exportation* en 1869, la dernière connue, a atteint le chiffre rond de 30 millions.

En revanche, l'*importation* est nulle et n'atteint pas 1 million.

C'est donc une industrie essentiellement française, heureuse, riche et éminemment intelligente, puisque depuis quelques années, vingt ans à peine, elle a abaissé le prix de certains de ses produits de 60 à 80 p. 100.

Demandons-lui un faible sacrifice qu'elle seule peut-être, par sa position, peut nous donner.

Ce sacrifice, du reste, ne lui coûtera qu'un peu de bonne volonté et de facilité pour nos perceptions d'impôt, car nous sommes persuadé qu'elle n'y perdra rien ni en honneur, ni en considération, ni en richesse.

Les tableaux des douanes prouvent d'ailleurs tout ce qu'on peut attendre d'elle, puisque, dans les deux années qui ont suivi l'Exposition universelle, elle a porté ses ventes à l'étranger à 29 millions de francs, réalisant ainsi sur 1867 une augmentation d'un quart ou 7 millions dans l'exportation de ses articles (voyez les tableaux I et J).

Pour atteindre notre but, nous diviserons la verrerie en plusieurs classes :

PREMIÈRE CLASSE.

Verrerie à vitres pour carreaux d'appartements, fenêtres, séparations, impostes, lanternes ordinaires, pour flamandes[1], cadres,
couches, serres et orangeries, devantures de magasin, pour éta-
lages, en verres simple, demi-double, double, etc., cannelé, strié,
dépoli, mousseline, jauni pour peinture, verres de couleurs, etc.

Ce verre se fabrique plus spécialement dans 32 établissements
environ, sis dans 21 localités différentes (voyez tableau C). Il se
fabrique accessoirement dans un certain nombre d'autres usines.

Nous ne trouvons nulle part des documents précis sur l'étendue
de cette fabrication. Les tableaux d'exportation eux-mêmes mêlent
le verre à vitre à la gobeleterie et aux autres verres blancs et donnent pour le tout, en 1869, un chiffre exporté de 6,395,677 fr.[2]
(voyez les tableaux H et J).

Par suite de nos propres calculs, nous croyons pouvoir fixer la
fabrication du verre en France à 8 millions de mètres carrés
(à 3 fr. le mètre l'un dans l'autre), dont 7 millions pour la consommation intérieure et 1 million pour l'exportation[3].

En taxant très-modérément les verres qui s'exportent et qui res-
teraient en entrepôt à la fabrique ou dans les magasins de douane,
et dont le fabricant aurait à justifier la sortie hors de France (combiner le tarif pour qu'il soit équitable), nous aurions comme produit de cet impôt:

---

1. Pour le matériel roulant des voitures, wagons, omnibus, fenêtres fixes et
mobiles.

2. Notre principal consommateur est la Belgique, pour 2,071,018 fr.

3. Le verre simple vaut environ 2 fr. 50 c. le mètre en moyenne; demi-double,
3 fr. 75 c.; double, 5 fr. (Le mètre pèse de 4 à 5 kilogrammes avec ou sans emballage.) Les verres mousseline 3 fois autant. Le verre cannelé 100 p. 100 de
plus que l'ordinaire 3e choix, le dépoli 200 et 300 p. 100 de plus que l'ordinaire
3e choix.

Le verre demi-double pèse environ 6 kilogrammes, le double 8 kilogrammes.

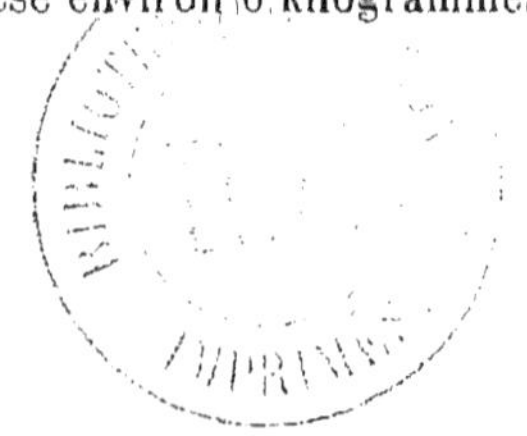

1º 1 million de mètres exportés, taxés seulement à
20 c. le mètre . . . .   Francs.
200,000

Et pour la consommation intérieure :

2º 5 millions de mètres de verre simple ordinaire
fournissant en moyenne 6 carreaux (à 10 c. le carreau),
taxés à 60 c. le mètre   3,000,000

3º 1,500,000 mètres de verre demi-double et verre
de couleur simple (à 20 c. le carreau), taxés à 1 fr.
20 c. le mètre   1,800,000

4º 500,000 mètres de verre grand luxe pour devantures, tablettes, cannelé, strié, dépoli, mousseline,
vitraux autres que ceux d'église, taxés à 2 fr. le mètre.   1,000,000

TOTAL général pour la première classe. .   6,000,000

DEUXIÈME CLASSE.

Bouteilles à vin, bière, cidre, poiré, hydromel, genièvre, eaux
minérales, liqueurs, sirops, produits d'alimentation, à chimie, à
huiles, essences, etc.

Simples et de luxe, renforcées pour le champagne et autres produits gazeux.

Se fabriquent actuellement dans 79 établissements environ, sis
dans 61 localités[1] (voyez le tableau D).

La plus ancienne fabrique de ce genre qui soit en France est
celle de Quinquengrogne (Aisne), fondée en 1291 et appartenant
actuellement à MM. le vicomte Van Leempoel, Déhu et Cie.

En 1851, on fabriquait annuellement en France 60 millions de
kilogrammes de bouteilles représentant alors une valeur de 10 millions. On en exportait 17 millions de kilogrammes valant alors
4 millions de francs.

---

1. Sur ces 79 établissements et ces 61 localités, 17 établissements et 16 localités
sont déjà cités à d'autres classes, ce qui réduit à 62 établissements nouveaux et à
55 localités nouvelles le nombre des fabriques ou celui des localités qui s'occupent
spécialement de la bouteille.

En 1866-1867 on estimait à 115 millions de pièces [1], ou environ 85 millions de kilogrammes, la fabrication de l'année. L'exportation s'élevait à 35 millions de kilogrammes ou 44 millions de pièces, d'une valeur de 5,500,000 fr. seulement.

Les prix ayant énormément baissé de 1851 à 1867, sont descendus de 18 à 20 fr. le cent, pour les ordinaires, à 12 ou 13 fr. environ.

En 1872 nous estimons le chiffre des bouteilles fabriquées chaque année à un minimum de 90 millions de kilogrammes ou 120 millions de pièces.

L'exportation seule en prend annuellement 47 millions de kilogrammes ou environ 70 millions de pièces, d'une valeur totale de 7,600,000 fr. (chiffres officiels et valeur actuelle). [Voyez le tableau E.]

1° En taxant très-modérément les bouteilles vides qui s'exportent [2] nous diviserons les 14,186,173 kilogrammes qui sortent de France en deux catégories :

Francs.

a) *Bouteilles vides ordinaires.* 10 millions de kilogr. ou 12,500,000 de bouteilles, taxées à 3 c. l'une. . . 375,000

b) *Bouteilles vides fines.* 4,200,000 kilogrammes ou 5,500,000 bouteilles taxées à 7.5 c. l'une. 412,000

A reporter 787,000

---

1. A cette époque un ouvrier habile faisait de 6 à 700 bouteilles par jour. MM. V. Masson et Cⁱᵉ, à Chagny (Saône-et-Loire), ne font que la verrerie à bouteille et leur production est de 8 millions de pièces. MM. Richarme frères fabriquent environ 15 millions de pièces.

Les verreries Raabe et Cⁱᵉ faisaient en 1866-1867 26,340,000 bouteilles. Elles avaient 30 fours dans leur établissement, 22 seulement faisaient la bouteille. Leur chiffre d'affaires était de 4,335,000 fr. Elles occupent actuellement 2,700 ouvriers.

Les trois établissements cités plus haut ont une production de 50 millions de bouteilles pour eux seuls (en 1869).

2. Principal consommateur, l'Italie, 7,037,830 kilogrammes pour 1,760,000 fr. en 1869.

Francs.

Apport 787,000

2° Pour les bouteilles pleines qui s'exportent[1], on peut taxer plus fort leurs 32,697,926 kilogrammes, et ce sans aucune crainte, car elles contiennent à la sortie des vins fins, champagne, eaux-de-vie, liqueurs, auxquels une taxe minime ne peut, frappant le verre sans frapper le liquide, causer qu'une augmentation insignifiante pour tout le monde, soit pour :

b) *Bouteilles pleines.* 32,697,926 kilogrammes ou 41 millions de bouteilles à 15 c. l'une. 6,150,000

TOTAL des taxes de bouteilles allant à l'étranger   6,937,000

Resterait pour la consommation intérieure actuelle, si elle avait suivi la proportion de l'exportation, 80 millions de pièces. Mais nous préférons nous en tenir sous ce rapport à la consommation même de 1867, 50 millions de kilogrammes ou 62,500,000 bouteilles se divisant en deux catégories.

a) *Bouteilles ordinaires.* 40 millions de pièces à imposer à 6 c. la pièce . . . . Francs. 2,400,000

b) *Bouteilles fines ou fortes.* 22,500,000 bouteilles à champagne[2], liqueurs, etc., à imposer à 15 c. pièce   3,375,000

Report des bouteilles exportées. 6,937,000

TOTAL des taxes proposées sur bouteilles . . 12,712,000

Remarquons en finissant que nous ne mettons pas en ligne de compte les bouteilles étrangères à vin, à liqueurs, à bière, à eaux minérales qui entrent en France, qui payent un droit actuellement de 1 fr. 30 c. les 100 kilogrammes brut, et qu'il faudra pourtant surtaxer pour ne pas nuire à nos verreries.

---

1. Principal consommateur, l'Angleterre, 2,700,000 kilogr. pour 1,584,000 fr. en 1869. Il s'agit du poids de la bouteille sans liquide.

2. Les bouteilles à champagne sont fabriquées spécialement et subissent une épreuve de 20 à 30 atmosphères.

Remarquons de plus qu'avec les taxes que nous proposons, les prix des bouteilles atteindront à peu près pour cet article les prix de 1851 ; ce qui n'est *pas trop rétrograder*, surtout quand on pense au temps pendant lequel peut servir une bouteille à qui l'État n'a demandé qu'une seule fois quelques centimes d'impôt.

Deuxième classe bis.

Nous avouons franchement ne pas savoir si dans la classe précédente sont compris les produits suivants :

Dames-jeannes, bocaux et autres produits semblables en gros verre à bouteilles. S'ils y sont compris, n'en parlons que par scrupule d'énumération. S'ils n'y sont pas compris, il faudra les taxer aussi, mais laissons-en provisoirement le produit comme devant remédier à nos exagérations bien involontaires ou pour compenser les taxes sur l'exportation, si on se décide à affranchir de l'impôt les verres ou bouteilles exportés.

TROISIÈME CLASSE.

Glaces. Nous savons que c'est Colbert qui les introduisit en France. Voyons leur marche :

Importation en 1851[1] . . 628 mètres.
Exportation en 1851 . . 35,000 — valeur: 2,500,000 fr.
— 1867 . . 200,000 — — 6,000,000
— 1869 . . 250,000 — — 7,600,000
Prix moyen en 1843 . . 100 fr. le mètre.
— 1845 . . 93 —
— 1848 . . 79 —
— 1851 . . 71 —
— 1867 . . 28 —

(Voyez les tarifs, tableau M.)

---

1. Il en entre bien quelques mètres encore figurant pour 543,000 fr. aux tableaux des douanes, mais à valeur permanente, c'est-à-dire à au moins 3 fois la valeur actuelle.

En 1867, la production des glaces avait lieu en Europe dans 16 établissements appartenant à 11 sociétés[1].

La France comptait 6 établissements appartenant à 5 sociétés qui se sont presque fusionnées depuis cette époque. La production française était alors de 380,000 mètres carrés[2] d'une valeur vénale de 28 fr. le mètre, soit 10 1/2 millions de fabrication par année.

Cette industrie, nous l'avons vu, exporte en 1869 pour 7,600,000 fr. au lieu de 6 millions en 1867.

Laissant au même chiffre qu'en 1867 la consommation française, nous aurons pour la consommation intérieure 4 1/2 millions. Au total pour 1869 environ 430,000 mètres, représentant 12 millions de francs.

Certaines glaces ayant baissé de 80 p. 100 et le prix de 1851 *étant tombé de 71 fr. le mètre à 28 fr. en 1867*, nous croyons que sans crainte pour l'exportation on pourrait imposer :

Francs.

280,000 mètres de glaces à 5 fr. le mètre 1,400,000

Et pour la vente intérieure, 150,000 mètres à 10 fr. le mètre 1,500,000

Total 2,900,000

On peut combiner le tarif de manière à ce que ces taxes ne soient que des moyennes et faire payer les grandes glaces bien plus que les petites.

---

1. Établissements français, Saint-Gobain et Chauny, Cirey. . . 250,000 mètres.
    4 autres établissements . . . . 130,000 —

        Total pour la France. . . . . . . 380,000 —
    Établissements anglais, 6 usines. . . . . 350,000 —
        —   belges, 2 usines . . . . 100,000 —
        —   allemands (appartenant à Saint-Gobain), 2 établissements à Mannheim et Stolberg. . . . . 120,000 —

        Total de la production. . . . . . 950,000 —
2. Le Grand-Hôtel à Paris a consommé 500 mètres de glaces au moins.

Remarque principale.

Vérifier si le chiffre de l'exportation qui, comme mètres, est basé sur la valeur de 7,600,000 fr., n'est pas le chiffre de la valeur permanente.

S'il en était ainsi, les calculs seraient à refaire, mais le produit de la taxe ne serait pas diminué, car on aurait pour l'intérieur beaucoup plus de mètres, payant le double de la taxe pour l'extérieur.

D'ailleurs on peut joindre aux glaces les produits similaires (glaces coulées à la poche pour serres, toitures, cloisons, le flint-glass à peine connu chez nous en 1867 et dont l'Angleterre fabriquait déjà à cette époque 500,000 mètres, Saint-Gobain en avait exposé en 1867 et ce produit n'avait que le défaut de n'être pas connu). Nous ne les mettons pas en compte provisoirement, les laissant pour erreurs, pour mauvaises estimations ou pour taxes à ne pas percevoir du tout ou à percevoir peu sur les glaces exportées.

QUATRIÈME CLASSE.

Toutes autres verreries que celles des 3 classes précédentes: 1° en verre simple; 2° demi-cristal; 3° cristal; 4° uni; 5° façonné; 6° blanc ou de couleur, etc.; service de table, de confiserie, de limonadier-distillateur, de pharmacie, de chimie industrielle et artistique, de parfumerie, d'éclairage, d'ornement, d'horticulture, d'horlogerie (globes), d'optique, de perles, services divers.

Le détail des principaux articles se trouve plus loin, tableau N.

Voir également les tableaux K, L, M, pour les tarifs.

Pour ne pas allonger outre mesure un travail, dont nous ne connaissons pas encore la destinée, nous serons très-brefs sur cette classe.

L'exportation du tout peut aller à 12 ou 15 millions de francs. Nous ne pouvons citer le chiffre exact, parce qu'au tableau des douanes, il figure réuni à celui des vitres et glaces pour un total de 21,541,537 fr. en 1869. (Voyez le tableau G.)

En 1851, dix établissements fabriquaient seuls le cristal[1] et sur une fabrication s'élevant à 5 millions exportaient pour 2 millions.

Quant à la verrerie générale, nous manquons de beaucoup de renseignements à son égard.

Toutefois, nous pouvons dire qu'elle exporte pour 10 ou 12 millions et qu'elle fait un minimum d'affaires de 15 à 20 millions à l'intérieur.

La verrerie se fabrique, en dehors des établissements de cristallerie et d'optique, dans 85 établissements sis dans 65 localités. (6 établissements et 3 localités sont déjà compris dans nos chiffres précédents, donc à compter seulement 79 établissements et 62 lieux nouveaux.)

Il faudra évidemment taxer tous ces produits au kilogramme, en tenant compte des objets lourds et légers au point de vue de la consommation de luxe ou de la consommation ordinaire, de la valeur relative, des objets d'art, de religion, etc.

Nous évaluons que tous ces articles doivent présenter un poids minimum de 25 millions de kilogrammes qui, à taxer l'un dans l'autre et d'après un tarif sagement combiné (à 50 c. le kilogramme seulement, parce que là aussi il faut tenir compte de l'exportation), soit :

1. Baccarat fabriquait pour	2,000,000	francs.
Saint-Louis — —	1,800,000	—
Clichy — —	700,000	—
7 autres — —	650,000	—
	5,150,000	—
L'Angleterre en 1862 produisait pour.	40,000,000	de cristallerie.
La Belgique — — —	4,000,000	—
L'Autriche — — —	46,000,000	—
La France en 1869 — —	9,000,000	—

dont 2,000,000 s'exportaient. Depuis nous avons perdu Saint-Louis, mais ses produits pour la France entrent en France aux frais de l'établissement, qui n'a pas modifié ses prix de vente.

Francs.

25 millions de kilogrammes à 50 c. 12,500,000

Surtaxe de certains articles, comme l'optique[1]. . . 1,500,000

Donneraient un produit de 14,000,000

(Voyez les tableaux F. et G.)

En Angleterre, la taxe sur le verre fut établie en 1695, doublée en 1812 comme taxe de guerre, mais produisit de très-mauvais résultats, car elle frappait beaucoup de produits d'une taxe de trois fois leur valeur. Elle fut abolie en 1845. En 1838, elle rapporta 22 millions.

Récapitulation des impôts proposés

Par le 2e projet.

Francs.

Verres à vitres. 6,000,000

Bouteilles 12,712,000

Glaces 2,900,000

Autres verreries 14,000,000

TOTAL du produit du deuxième impôt proposé
(en chiffres ronds) 36,000,000

1. Ces articles se fabriquent à un bon marché fabuleux et se vendent fort cher au consommateur. En 1867, un verre à montre chevé de première qualité coûtait en fabrique 6 centimes, les verres à lunettes 7 centimes l'un, les ordinaires, moitié en plus pour les bleus. Il ne faudrait en cet article, qui exporte et importe beaucoup, comme on peut le voir aux tableaux, imposer que la consommation intérieure très-fortement, à 15 ou 20 centimes par objet (le marchand y gagnerait encore assez sans augmenter ses prix de vente), et très-faiblement l'exportation, si même on l'impose. On arriverait bien au delà des produits indiqués. (Voir les tableaux F et G.)

TROISIÈME IMPOT.

IMPOT GÉNÉRAL SUR LES VITRES ET GLACES EXISTANTES.

En présence des besoins de l'État et des taxes qui viendraient frapper à leur sortie de fabrique différents produits, il semble juste et nécessaire de frapper également d'une taxe certains de ces produits qui servent et serviront longtemps encore chez les contribuables, au détriment de la taxe que l'État percevrait si ceux-ci les achetaient après l'établissement des impôts proposés.

Tels sont les vitres, carreaux, flamandes et devantures, peut-être les vitres des ouvertures roulantes et surtout les glaces des appartements.

Tous objets fixés à la maison en quelque sorte.

Pour les vitres, en comptant 55 millions pour l'impôt des portes et fenêtres, on peut estimer à 70 millions le nombre des ouvertures actuelles.

Comptons : 1º 35 millions d'ouvertures ayant 1 mètre et au-dessous, et payant pour 1 mètre, ci. . . . . . 35,000,000 mètres;

2º 35 millions d'ouvertures de 1 mètre à
3^m,50 et au-dessus, moyenne 2 mètres, ci. 70,000,000 —

Total en chiffres ronds (mètres de vitres) 100,000,000 —

que nous proposons par le présent troisième projet d'impôt de frapper (suivant le tarif des verres à vitre établi dans notre deuxième projet d'impôt) d'une taxe moyenne de 75 c. le mètre, dont le produit serait de 75 millions.

Ne peut-on pas faire payer pendant 12 ans aux contribuables cet impôt (en estimant que le verre dure en moyenne 12 ans), et que payer là sur une base équitable vaut mieux que payer ailleurs sur une base moins juste et moins éprouvée? 12 ans à 75 millions nous donneraient 900 millions que le contribuable consentirait bien à donner de suite s'il les avait, et si ce sacrifice ne devait pas produire des effets désastreux, en le faisant immédiatement et d'un seul coup.

Eh bien! nous proposons de ne pas demander ce capital en une fois, mais de l'amortir en 20 ans avec les intérêts à 5 pour 100. Pendant ces 20 ans, l'État réaliserait :

45,000,000 par an pour l'amortissement;

23,000,000 par an pour l'intérêt moyen[1];

68,000,000, soit pendant 20 ans environ 70 c. d'impôt par mètre de verre à vitre posé.

Le même calcul s'applique aux glaces pour 2 millions par an, au total 70 millions, pendant 20 ans.

On verrait quoi faire après ces 20 ans.

Plus simplement, et sans entrer dans ces calculs d'amortissement, nous proposons de faire payer aux vitres et aux glaces existantes, pendant 20 ans, 70 millions d'impôt par an, ou environ 10 c. par carreau par année, et un très-petit impôt annuel sur les glaces.

On nous dira: Vous doublez l'impôt des portes et fenêtres, et vous faites, pour les vitres remplacées, payer sous une autre forme ce que vous avez déjà fait payer à la fabrique.

C'est très-vrai, mais l'objection nous touche peu. D'un côté, elle ne s'applique qu'à quelques vitres ou glaces cassées ou rem-

---

1. Et pour cet intérêt moyen on toucherait tout de suite 45 millions par an pour tomber à 2 millions au bout des 20 ans d'amortissement, soit 20 millions de plus à nos premiers budgets.

placées, car pour les constructions neuves on pourrait les exempter de cet impôt pendant deux ou trois ans, comme on le fait actuellement pour les portes et fenêtres, et alors, au lieu de payer deux fois, on serait exempté de tout impôt pendant un ou deux ans.

D'un autre côté, il faut bien que l'impôt soit toujours payé par le contribuable, et s'il ne paye pas le nôtre, il en payera un autre de même somme, ce qui ne lui fera pas d'économie. Payer pour payer, l'essentiel est de varier le plus possible la forme de la contribution pour atteindre tout le monde, et de la percevoir insensiblement dans de justes proportions, suivant les ressources des individus, manifestées au dehors sous toutes les formes saisissables par les employés de l'État.

Que si, en outre et par hasard, on s'étonne du faible chiffre de 2 millions que nous demandons annuellement aux glaces existantes, nous répondrons que nous n'en voulons pas diminuer la consommation. Un impôt plus fort que celui que nous proposons aurait peut-être pour effet de ralentir cet achat de luxe ou même engagerait quelques-uns des détenteurs actuels de glaces à se défaire de leur superflu, ce que nous ne désirons sous aucun rapport. Nous voudrions aussi n'atteindre par cet impôt annuel que les glaces de grandes dimensions et ne percevoir cette taxe que sur la déclaration de leurs propriétaires. Deux considérations capitales à nos yeux, car nous ne voulons ni vexations, ni arbitraire, et nous désirons surtout, comme on l'a vu par l'économie de nos projets, faire payer à ceux-là seulement qui peuvent payer, sans trop de gêne et presque volontairement, la plus grande partie des sommes qu'il faut à l'État.

Total du troisième impôt proposé, **70 millions.**

QUATRIÈME IMPOT.

IMPOT PARTICULIER SUR LES VITRES ET GLACES
DE L'INDUSTRIE ET DU COMMERCE.

Dans nos trois projets précédents nous n'avons rien demandé de spécial à l'industrie générale. Nous voulons maintenant mettre à profit sa bonne volonté pour percevoir seulement par ses mains 25 millions. Bien entendu, sans inquisition ni arbitraire, ni rien de ce que repousse l'industriel en particulier ou le contribuable en général. Dans le fond, il s'agit toujours de l'impôt sur les vitres et glaces à poste fixe dans la maison.

Rappelons-nous que l'impôt proposé pour les ouvertures des manufactures doit rester à la charge unique du propriétaire. L'exploitant n'a pas à le payer, à moins de convention contraire.

Nous avons estimé cet impôt payé par le propriétaire à 8 millions de francs. Nous évaluons de plus à une somme de 4 millions l'impôt payé maintenant par les manufactures sur leurs bureaux, cabinets, magasins, et par les usines et les autres locaux non exemptés actuellement. Nous estimons aussi l'impôt d'aujourd'hui à une somme de 6 millions, pour les ouvertures des magasins des rez-de-chaussée, premier, deuxième et autres étages, des bureaux, des cabinets, etc., où se fait actuellement un commerce payant patente. Le tout peut donner 18 millions.

Pour arriver à notre quatrième projet, nous demandons que tous ceux qui exploitent les locaux ci-dessus désignés payent à titre de commerçants sur leurs vitres et glaces de commerce, c'est ainsi que nous les désignerons, une taxe égale de 18 millions.

Elle devra être répartie et sagement répartie, bien entendu, sur les vitres et glaces de tous ces établissements, ci, 18 millions.

Puis en dehors de cet impôt général sur le commerce, comme il existe beaucoup de négoces ou d'industries qui gagnent beaucoup sans grands emplacements et par conséquent sans beaucoup de vitrages ni de glaces, nous voulons, pour être juste, leur attribuer leur part dans la complaisance générale de tous pour l'État.

Nous diviserons ces établissements en 5 classes.

La classe 1, qui payera simplement le droit ordinaire expliqué ci-haut 18,000,000

La classe 2, qui payera le double, c'est-à-dire une taxe en plus 1,000,000

La classe 3, qui payera le triple, c'est-à-dire, 2 taxes en plus 3,000,000

La classe 4, qui payera le quadruple, 3 taxes en plus. 2,000,000

La classe 5, qui payera le sextuple, 5 taxes en plus. 1,000,000

     Total de la 4ᵉ contribution. 25,000,000

(Voir le tableau V.)

Nous avons dit que cette fois ces impôts seraient à la charge unique de l'exploitant; mais il est bien entendu qu'il les prélèverait sur ses bénéfices ou qu'il augmenterait ses prix de vente, d'autant par fractions infinitésimales, payées petit à petit par le consommateur qui ne s'en apercevrait même pas.

L'industrie toutefois ferait bien de ne pas retomber dans certains excès qui, dernièrement, pour un faible droit, ont fait hausser considérablement certains articles.

Car, qu'est-ce que c'est que 25 millions, sur le chiffre général des affaires de la France et sur son épargne annuelle?

Total du quatrième impôt proposé : 25 millions.

AVANTAGES GÉNÉRAUX

DES QUATRE IMPOTS PROPOSÉS.

Outre les avantages que nous avons déjà signalés dans le texte même de nos projets, nous croyons pouvoir dire que :

1° Nos projets donneraient en principal :

	Francs.
1er Projet.	19,000,000
2e Projet.	36,000,000
3e Projet.	70,000,000
4e Projet.	25,000,000
Total.	150,000,000

auxquels il convient d'ajouter les centimes ou décimes, environ 30,000,000

Total général de nos propositions. . 180,000,000 de recettes, qui suffiraient probablement à nos besoins actuels, et permettraient peut-être de supprimer bientôt certains petits impôts récents un peu incompatibles avec nos mœurs, entravant la circulation et la consommation, et excitant perpétuellement à l'immoralité par la recherche des moyens de les éluder à cause de la gêne qu'ils occasionnent par moments.

2° Les charges se répartiraient sur tout le monde et dans de justes proportions, *un peu comme l'impôt sur le revenu,* et beaucoup suivant un système qui a fait ses preuves, celui des portes et fenêtres. L'étranger lui-même contribuerait indirectement pour une petite part à équilibrer notre budget, si on maintient les taxes touchant légèrement l'exportation.

3° Notre consommation actuelle intérieure ne serait nullement atteinte, car nos impôts ne s'attaquent pas à une marchandise déterminée, mais aux cinq cents emplois d'une matière industrielle, que chacun possède plus ou moins, et qui est indispensable comme le feu, comme l'eau. Les seuls produits un peu atteints sont des produits français par excellence, que l'étranger ne peut envoyer chez nous[1], dont les prix ont baissé depuis quelques années dans des proportions inouïes. Nous ne les ramènerons pas même aux prix d'il y a dix ans, prix que tout le monde regardait alors comme l'extrême limite du bon marché.

4° L'exportation ne serait touchée en rien; elle serait même peut-être favorisée d'avantages particuliers. Nos manufactures pour les branches dont nous nous sommes occupé, n'ont pour ainsi dire pas de rivales à l'étranger et réalisent tous les jours de nouveaux progrès qui les maintiennent au premier rang.

5° L'industrie et le commerce, sans gêne, sans arbitraire, pourraient, suivant leur offre, contribuer peut-être, sans augmenter les prix, pour certains articles tout au moins, aux sacrifices nécessaires à notre situation.

6° L'établissement et la perception de ces impôts seraient faciles et pourraient se faire du jour au lendemain. Cette perception serait bonne, bien graduée, tantôt par douzièmes, tantôt par acquittement au moment de la consommation.

7° Aucun obstacle des traités de commerce. Ce sont des *droits fiscaux* que nous proposons, que la douane d'entrée ferait payer à la sortie de ses magasins, tout comme les employés à la sortie des fabriques françaises. L'importation étant nulle d'ailleurs, nos

---

1. L'habileté de nos fabricants, notre position géographique, les frais d'emballage fort coûteux, une marchandise très-lourde par elle-même et ses caisses et enveloppes, des frais de transport très-coûteux, sont autant de causes qui empêchent non-seulement l'importation de l'étranger, mais souvent même aussi l'importation de province à province.

droits seraient indifférents aux nations avec lesquelles nous avons des traités.

8° Très-peu de frais de perception. A peine, outre les plus faibles frais généraux de perception, deux employés en moyenne dans 225 fabriques, soit 1,500,000 fr. à dépenser pour 180 millions de recette.

9° Presque tous ces impôts sont indirects. Beaucoup pourraient être de répartition, peut-être d'abonnement. Ceux qui sont directs sont en petit nombre, et, en tous cas, n'aggravent aucun des impôts directs existants. On les appellerait mieux impôts mixtes qu'impôts directs.

10° Plus de drawback, puisque beaucoup se récrient contre les abus de ce système. Les marchandises restant en entrepôt ne payent point de droit à l'État, qui n'en a pas à restituer à la sortie pour l'exportation.

11° Les particuliers payeraient tant par chacun des articles que nous proposons d'imposer tout comme un marchand paye pour ses employés, un industriel pour ses ouvriers, ses machines de fabrication, ses chaudières, ses appareils de production.

12° Enfin une partie de nos impôts est volontaire pour le contribuable; tous sont proportionnels, quelques-uns même progressifs sans la plupart des inconvénients reprochés à l'impôt progressif.

13° Et si l'on considère leurs imperfections, qu'on veuille bien en même temps considérer les imperfections de tous les autres impôts qu'il nous faudrait subir si ceux-là n'obtenaient pas la préférence.

A nos législateurs de voir les impôts qui présentent le moins d'inconvénient et de gêne pour le pays.

RÉSUMÉ GÉNÉRAL.

En faisant la part de toutes les réductions qu'on jugera utile d'imposer à nos projets d'impôts, nous arriverons à un total minimum de 100 millions de produit.

En faisant la part de ce que nous proposons et de ce que l'exposition de nos idées pourra amener d'idées meilleures chez les autres, nous aurons 200 millions, et plus, d'impôts bien répartis suivant nous.

Il y a des inconvénients à craindre, des critiques à essuyer, nous le pensons nous-même. Mais nous demandons qu'on veuille bien nous admettre à la discussion de nos idées, que le cadre restreint où nous voulons nous renfermer, nous empêche d'exposer avec tous les développements nécessaires.

Nancy, juin 1872.

E. GAUDCHAUX-PICARD,

Ancien fabricant de draps.

TABLEAU A.

Tarif des ouvertures, portes et fenêtres.

Loi du 21 avril 1832.

POPULATION des VILLES ET COMMUNES.	POUR LES MAISONS A					POUR LES MAISONS à 6 ouvertures et au-dessus.		
	1 ouverture.	2 ouvertures.	3 ouvertures.	4 ouvertures.	5 ouvertures.	Portes cochères, charretières et de magasin.	Portes et fenêtres des rez-de-chaussée, 1er et 2e étages.	Fenêtres du 3e étage et des étages supérieurs.
	Fr. C.	Fr. C.	Fr. C.	Fr. C.	Fr. C.	Fr. C.	Fr. C.	Fr. C.
Au-dessous de 5,000 âmes	» 30	» 45	» 90	1 60	2 50	1 60	» 60	» 60
De 5,000 à 10,000 âmes	» 40	» 60	1 35	2 20	3 25	3 50	» 75	» 75
De 10,000 à 25,000 âmes	» 50	» 80	1 80	2 80	4 »	7 40	» 90	» 75
De 25,000 à 50,000 âmes	» 60	1 »	2 70	4 »	5 50	11 20	1 20	» 75
De 50,000 à 100,000 âmes	» 80	1 20	3 60	5 20	7 »	15 »	1 50	» 75
Au-dessus de 100,000 âmes	1 »	1 50	4 50	6 40	8 50	18 80	1 80	» 75

VERRERIE GÉNÉRALE.

Nomenclature des usines à verreries
sans spécialité

A notre point de vue — les seules connues de nous.

Siége principal de cette industrie : Un peu partout.

NOMS.	Nombre d'usines.	NOMS.	Nombre d'usines.
1. Abscon (Nord)	2	35. Montmirail (Sarthe)	1
2. Anzin.	1	36. Pantin (Seine).	3
3. Aubagne (Bouches-du-Rhône).	1	37. Paris (Seine).	6
4. Aubervilliers (Seine)	2	38. Passavant (Haute-Saône). . .	1
5. Avize (Marne).	1	39. Peipin (Bouches-du-Rhône) .	1
6. Bagneux (Seine-et-Marne) . .	1	40. Planchotte (Vosges)	1
7. Bayel (Aube)	2	41. Plaine-de-Walsch (Meurthe).	1
8. Bezancourt (Seine-Inférieure).	1	42. Portieux (Vosges)	1
9. Bligny (Aube).	1	43. Randon (Orne).	1
10. Bouchain (Nord)	1	44. Redonval (Seine-Inférieure).	1
11. Brassac (Puy-de-Dôme). . . .	1	45. Ricamarie (Loire)	1
12. Cellerie [la] (Orne)	1	46. Richet (Landes)	1
13. Carmaux (Tarn).	1	47. Rive-de-Gier (Loire).	4
14. Charleville (Ardennes)	1	48. Sacoué (Hautes-Pyrénées). .	1
15. Clairefontaine (Vosges)	1	49. Saint-Denis (Seine)	4
16. Clichy (Seine).	2	50. Saint-Étienne (Loire)	2
17. Condrecieux (Sarthe).	1	51. Saint-Jean-Froidmantel (Loir-	
18. Croismare (Meurthe)	1	et-Cher).	1
19. Cuffies (Aisne)	1	52. Saint-Just (Loire)	1
20. Decize (Nièvre)	1	53. Saint-Remy (Ille-et-Vilaine).	1
21. Épinay (Seine)	1	54. Tanville (Orne)	1
22. Fains (Meuse).	1	55. Toulouse (Haute-Garonne). .	2
23. Fourmies (Nord)	3	56. Tourouvre (Orne)	1
24. Givors (Rhône)	1	57. Trélon (Nord)	2
25. Grande-Vallée (Seine-Inf.) . .	1	58. Vannes (Meurthe)	1
26. Henin (Pas-de-Calais)	1	59. Varimpré (Seine-Inférieure).	1
27. Hodeng (Seine-Inférieure) . .	1	60. Velars-sur-Ouche (Côte-d'Or)	1
28. Laignelet (Ille-et-Vilaine) . .	1	61. Vezezoux (Haute-Loire) . . .	1
29. Landel [le] (Seine-Inférieure).	1	62. Vienne (Isère)	1
30. Marchiennes (Nord)	1	63. Vierzon-Ville (Cher)	1
31. Mége-Coste (Haute-Loire). . .	1	64. Douteux	0
32. Mercenac (Ariége)	1	65. Douteux	0
33. Montferrand (Doubs)	1	65 Localités.	
34. Montluçon (Allier)	1	Établissements.	85

VERRES A VITRES.

Nomenclature des usines

Fabriquant le verre à vitres d'une manière spéciale.

(Les seules connues de nous.)

Les usines marquées du signe + figurent déjà dans le tableau précédent.

Siége principal de cette industrie: Départements du Nord, Loire et Haute-Loire.

NOMS.	DÉPARTEMENTS.	Nombre d'établissements.
1. Aniche	Nord	4 [1]
2. Anzin	Nord	1
3. Auzon	Haute-Loire	1
4. Bességes	Gard	1
5. Escaupont	Nord	1
6. Fresnes	Nord	4
7. Jeumont	Nord	1
8. Landrecies	Nord	1
9. Malbouchans	Haute-Saône	1
+ 10. Mége-Coste	Haute-Loire	1 +
11. Montluçon	Allier	1
12. Nesle-Normand	Seine-Inférieure	1
13. Notre-Dame-du-Port	Haute-Loire	1
+ 14. Paris	Seine	2 ? +
15. Penchot	Aveyron	1
16. Raches	Nord	1
+ 17. Rive-de-Gier	Loire	4 +
18. Sainte-Florine	Haute-Loire	1
19. Saulnaire	Haute-Saône	1
20. Somain	Nord	2
21. Viviez	Aveyron	1
21 Localités.	Établissements	32
dont 3-4 figurent déjà ailleurs		6
18 Localités nouvelles.	Nouveaux établissements	26

1. Dont un a 4 millions de capital.

Tableau **D.**

BOUTEILLES.

Nomenclature des usines
Fabriquant la bouteille d'une manière spéciale.
(Les seules connues de nous.)

Le signe -+- a toujours la même signification,

Siége principal : Nord de la France, Bassins de la Loire et du Rhône.

NOMS.	Nombre d'usines.	NOMS.	Nombre d'usines.
1. Alais (Nord).	2	37. Masnière (Nord)	2
2. Anzin (Nord)	2 -+-	38. Mége-Coste	1 -+-
3. Arques (Pas-de-Calais)	2	39. Montluçon (Allier).	1 -+-
4. Auberchicourt (Nord).	1	40. Moustey (Landes)	1
5. Beaumont (Eure)	1	41. Nantes (Loire-Inférieure)	1
6. Biganos (Gironde).	1	42. Neufour (Meuse)	1
7. Blanzy (Saône-et-Loire).	2	43. Neuville (Nord).	1
8. Bordeaux (Gironde)?	1	44. Quinquengrogne (Aisne)	1
9. Bouquet (Hérault).	1	45. Raches (Nord)	1 -+-
10. Carmaux (Tarn).	1 -+-	46. Radonvillers (Aube)	1
11. Chagny (Saône-et-Loire)	1	47. Rieussec (Hérault).	1
12. Chalon (Saône-et-Loire)	1	48. Rive-de-Gier (Loire).	4 -+-
13. Charbonnier (Nièvre).	1	49. Saint-Denis (Seine)	1 -+-
14. Coueron (Loire-Inférieure).	1	50. Saint-Étienne (Loire)	2 -+-
15. Creil (Oise).	1	51. Saint-Evroult (Orne).	1
16. Cuffies (Aisne)	1 -+-	52. Sainte-Florine (Haute-Loire).	1
17. Douai (Nord)	2	53. Saint-Thierry (Marne)	1
18. Épernay (Marne)	1	54. Sars-les-Poteries (Nord).	1
19. Épinac (Saône-et-Loire)	1	55. Souvigny (Allier).	1
20. Escaupont (Nord).	2 -+-	56. Toulouse (Haute-Garonne).	2 -+-
21. Faymoreau (Vendée)	1	57. Trélon (Nord)	1 -+-
22. Fenain (Nord).	1	58. Vannes (Meurthe)	1 -+-
23. Folembray (Aisne)	1	59. Vauxrot (Aisne)	1
24. Frais-Marais (Nord)	1	60. Vieille-Loyes (Jura)	1
25. Fresnes (Nord)	2 -+-	61. Vioménil (Vosges)	1
26. Gemenot (Bouches-du-Rhône)	1		
27. Givors (Rhône).	3		
28. Graville (Seine-Inférieure).	1		
29. Harazée (Marne)	1		
30. Islettes [les] (Meuse).	1		
31. Ivry (Seine).	1		
32. Lachalade (Meuse)	1		
33. Lardin (Dordogne)	1		
34. Loivre (Marne)	1		
35. Lourches (Nord).	2		
36. Marseille (Bouches-du-Rhône)	3		

A Bordeaux y a-t-il un ou plusieurs établissements ? — En tout cas, il y en a dans la Gironde. (Voir page suivante.)

	Localités.	
61	Établissements.	79
16	Déjà cités	17
45	Restent nouveaux	62

(Chiffres à augmenter ou à rectifier.)

Dans la Charente-Inférieure, il y a des établissements considérables, il y en a aussi dans la Dordogne plus qu'il n'en figure au présent tableau. (Voir page suivante.)

BOUTEILLES.

Nomenclature incomplète de la production du verre à bouteilles dans 10 départements.

Et rien qu'au tableau précédent, il figure 26 ou 28 départements.

NOMS DES DÉPARTEMENTS ET ARRONDISSEMENTS.	NOMBRE DE PIÈCES.	VALEUR.
		Fr.
Laon et Soissons (Aisne)	14,900,000	3,210,000
Cognac et Jonzac (Charente-Inférieure).	5,200,000	705,000
Bergerac et Sarlat (Dordogne).	4,200,000	570,000
Bernay (Eure)	600,000	96,000
Bordeaux (Gironde)	10,386,000	1,665,875
Saint-Étienne et Montbrison (Loire) . .	40,000,000	7,287,500
Brioude (Haute-Loire).	2,800,000	300,000
Nevers (Nièvre)	3,500,000	160,000?
Lyon (Rhône)	6,100,000	1,289,000
Autun et Chalon (Saône-et-Loire). . . .	13,600,000	2,016,000
Totaux	101,286,000	17,299,375

Ces chiffres sont les plus récemment indiqués pour la fabrication incomplète, même dans dix départements, en 1870-1872.

Exagérons-nous quand nous portons à 115 ou 120 millions de pièces la production totale en France ?

Nomenclature très-approximative

Des établissements qui fabriquent le verre de montre.

Siége principal : Meurthe - et - Moselle, Doubs, Paris.

Besançon (Doubs).	5?
Chatet-sur-Moselle (Vosges)	1
Lunéville (Meurthe).	1
Paris.	3?
Plaine-de-Walsch (Meurthe)	1 [1]
Trois-Fontaines (Meurthe)	4 [1]

15 établissements
dans 5 localités nouvelles.

Le verre qu'emploient ces fabriques leur est envoyé des grandes fabriques voisines, et, dans ces conditions, il devient très-difficile pour nous, sans une enquête facile à faire, du reste, de savoir si, par exemple à Paris ou à Besançon, il y a des fabricants de verres de montres ou des marchands en gros.

Nous pouvons affirmer que, dans le seul arrondissement de Sarrebourg, on fabriquait 65,000 grosses de verres de montres, soit 9,360,000 pièces valant 214,000 fr., un peu plus de *deux centimes pièce.* — Par suite de l'annexion, un établissement de Sarrebourg se déplace et vient s'établir à Lunéville.

Combien ne rapporterait pas l'impôt de pareils établissements en mettant 15 centimes par objet, s'il ne fallait pas tenir compte de l'exportation, qui est le principal client de cette industrie? — Un seul établissement faisant 200,000 fr. d'affaires pourrait donner à l'État un million et demi, ce qui n'empêcherait pas les consommateurs de donner encore au moins *neuf à dix millions de bénéfice* à une seule fabrique et surtout à ses intermédiaires.

---

1. Ces usines n'appartiennent plus aujourd'hui à la France et figurent par erreur dans nos tableaux.

Nomenclature des fabriques de verres d'optique

Et à lunettes.

Siége principal : Oise et Est.

Canny-sur-Terrain (Oise)	1
Ligny (Meuse)	2
Morez (Jura)	8 ?
Paris	1 ?
Saint-Pierre (Oise)	1
Saint-Sanson (Oise)	1
Sezanne (Marne)	2
Songeons (Oise)	1
Sully (Oise)	1

18 établissements
dans 8 localités nouvelles.

Même observation qu'à la page précédente, pour distinguer, à Morez, par exemple, les fabriques des maisons de gros.

Nous ne connaissons que la production d'un établissement de lunetterie qui fait 72,000 paires de verres d'une valeur de 21,000 fr., soit 30 centimes la paire. Les établissements les plus importants étaient ceux de Gœtzenbruck (Moselle), malheureusement ils sont aujourd'hui à l'Allemagne, tout comme les fabriques de Saint-Louis, dont nous allons parler au tableau suivant. Mais leurs produits continuent pour partie à venir en France. — En 1867, on vendait la douzaine de paires de verres à lunettes simples 1 fr. 75 c. ou 7 c. l'un, 2 fr. 55 c. la douzaine de verres bleus, et 4 fr. la douzaine de verres neutres.

Nomenclature des usines à cristal.

Siége principal : la Meurthe, la Seine, l'Orne.

Principaux établissements :
- Baccarat (Meurthe).
- Choisy-le-Roi (Seine).
- + Clichy-la-Garenne (Seine).
- + Laigle (Orne).
- Pantin (Seine).
- + Plaine-de-Walsch (Meurthe).
- Puteaux (Seine).
- Cellerie [la] (Orne).

Total : 8 établissements dans 5 localités nouvelles. On peut y ajouter
   11 très-probablement 8   —

Total : 19 établissements, 13 localités.

Saint-Louis ne figure malheureusement plus dans notre tableau ; mais il importe toujours en France, paye les droits, mais n'a pas augmenté ses tarifs. Il faut même retrancher Plaine-de-Walsch, aujourd'hui Alsace-Lorraine.

Récapitulation générale

Des établissements et localités où l'on traite le verre, à notre connaissance.

85	établissements dans	65	localités	pour le verre en général.
26	—	— 18	—	plus spécial¹ pour le verre à vitres.
62	—	— 43	—	— la bouteille.
15	—	— 5	—	— la montre.
18	—	— 8	—	— l'optique.
19	—	— 13	—	— le cristal.

225 établissements dans 152 localités différentes.

Sous toutes nos réserves et nos erreurs possibles.

Extrait du tarif général des douanes

De 1869.

VERRERIES.

Droits d'entrée.

	TARIF GÉNÉRAL.	TARIF SPÉCIAL.
Verres à vitres	Prohibés.	3^{f}50 les 100 kil. brut.
Bouteilles pleines, le litre.	0^{f}15	1^{f}30 les 100 kil. brut.
— vides	Prohibées.	
Glaces et miroirs non étamés, le mètre carré. .	10 à 40	10 °/₀
Verrerie de toutes autres sortes	Prohibée.	10 °/₀
Verres à lunettes ou à cadran bruts	10 les 100 kil.	»
— — taillés et polis	200 les 100 kil.	10 °/₀
Grains percés pour breloques, boules, boutons.	1 le kil.	20 les 100 kil.
Gobeleterie et cristaux	Prohibés.	10 °/₀
Autres objets en verre	Prohibés.	10 °/₀
Vitrifications, verre fondu, flint-glass, etc.. . .	»	3^{f}75 les 100 kil.
Verres non dénommés au tarif	»	10 °/₀

VERRERIES.

Tableau des exportations et des importations en 1869.

Valeur actuelle.

ARTICLES.	Année 1869.	1868.	1867.	Valeur 1869.	1868.	1867.	OBSERVATIONS.
				Exportations.			
	Kilogr.	Kilogr.	Kilogr.	Fr.	Fr.	Fr.	
Verres, cristaux et grands miroirs . . .	7,177,724	6,364,596	5,236,730	6,528,090	6,199,721	5,090,727	
Bouteilles pleines. . .	33,171,859	28,998,569	25,234,109	»	»	»	Au commerce général
	32,697,926	28,557,245	25,043,000	4,087,241	3,569,655	3,130,376	— spécial
Bouteilles vides	14,229,656	13,216,085	10,434,429	»	»	»	— général
	14,186,173	13,021,749	10,381,909	3,546,543	3,255,437	2,387,839	— spécial
Petits miroirs	291,383	207,609	221,411	1,060,634	755,696	797,080	— —
Verres à lunettes ou à cadrans	43,237	40,845	54,787	342,437	323,496	433,890	— —
Verrerie; cristaux. . .	736,752	701,497	557,728	»	»	»	— général
	728,561	689,690	552,109	2,925,171	2,769,107	2,418,240	— spécial
Gobeleterie, verres à vitres et autres verres blancs	7,160,876	6,997,100	5,590,187	»	»	»	— général
	6,019,461	5,398,780	5,223,989	6,395,677	5,736,204	5,223,989	— spécial
De toute autre sorte que celles ci-dessus.	8,679,587	8,974,889	7,653,882	»	»	»	— général
	8,402,477	8,762,676	7,353,885	4,285,263	4,468,965	2,500,321	— spécial
Vitrifications.	1,528	19,341	18,307	4,355	55,121	49,431	
Exportation en 1869, 1868, 1867.				29,175,411	27,133,402	22,031,893	
Augmentation de 1869 sur 1867						7,143,518	
				Importations en France.			
				(Défalcation faite du verre cassé.)			
Grains percés	270,361	431,836	159,035	»	»	»	Commerce général.
Grains consommés . .	94,381	232,625	94,420	283,143	697,875	393,680	— —
Autres verreries. . . .	»	»	»	308,025	403,161	»	— —

Pas d'autre conclusion à tirer que l'importation est nulle, sauf pour les grains, quelques bouteilles de vins étrangers, de bière anglaise, le tout allant à 600,000 fr.

Extrait des documents statistiques

Sur le commerce de la France

(Année 1869).

VERRERIES.

Valeurs permanentes (très-probablement).

	1869.	1868.	1867.	1861.
Commerce spécial. — *Importations.*				
Verres et cristaux.	3,443,000	3,493,000	10,116,000	412,000
A déduire le verre cassé	543,000	247,000	205,000	
	2,900,000	3,246,000	9,911,000	
Glaces	413,000	310,000	273,000	250,000
Commerce spécial. — *Exportations.*				
Verres et cristaux .	22,520,000	20,931,000	16,692,000	15,201,000
Glaces	7,589,000	6,955,000	5,888,000	3,511,000
	30,109,000	27,886,000	23,580,000	18,712,000

Augmentation de 7 millions sur 1867.
— 12 — sur 1861.

Tarif de verres à vitre.

1ᵉʳ Février 1869.

Grandes mesures 147 sur 96 en 2ᵉ choix, environ le mètre. . .   6ᶠ50ᶜ
—   66 sur 63   —   —   . . .   2 80
Petites mesures   96 sur 36 en 3ᵉ choix, environ le mètre. . .   2 40
—   66 sur 36   —   —   . . .   2 50
—   45 sur 39   —   —   . . .   2 30

Verre demi-double, 50 p. 100 en plus.
— double, 100 p. 100 en plus.
— triple, quatre fois le verre ordinaire de 3ᵉ choix.
— quadruple, cinq fois   —
— cannelé, 100 p. 100 en plus de l'ordinaire.
— dépoli, demi-double, deux fois et demie le prix de l'ordi-
      naire de 3ᵉ choix.
— dépoli, double . . . . 3 —
— mousseline ordinaire, la feuille 1 80

Verre ordinaire courant, les 11 mesures les plus employées environ :
(1ᵉʳ choix) le mètre 3 30
(2ᵉ choix)   — 2 85
(3ᵉ choix)   — 2 55
(4ᵉ choix)   — 2 30

Tuiles creuses de   40 de longueur 0 36
—   de 65   — 0 60
—   de 100   — 0 95

Verre simple, pèse au minimum 4 kilogr. le mètre.
— demi-double   —   6   —
— double   —   8   —

Prix minimum des verreries

Applicables à partir du 1er janvier 1869,

Avec remise de 18 p. 100.

		Verres demi-cristal et verre ordinaire. Remise 10 p. 100. Tarif de janvier 1872.
Carafes à fonds plats, ordinaires et épaulées, taillées et bouchées; bouchage brut, de	48 à 170	
Carafes coniques, brut, de	50 à 175	0,12 à 1,20
— poli, de	60 à 185	
— à fond plat, verre ordinaire, de	12 à 115	
Carafes de toutes formes, unies, non bouchées, de	18 à 90	0,18 à 2,60 d. c.
— — taillées de	31 à 140	
Bouteilles à vin de toutes formes, taillées et bouchées, brut, de	105 à 140	0,10 à 0,90
Bouteilles autres, rondes, carrées, allemandes, etc., de	115 à 150	
Carafes à huile, ordinaires et coniques, brut, de	90 à 95 / 100 à 105	0,25 à 0,50
Mohs, pour limonadiers, unis, force ordinaire, de 1.20 à 2 litres, de	150 à 200	1,70 à 1,90 d. c. de 120 à 140
Canettes, de 0.50 à 1 litre, de	70 à 200	0,90 à 1,40
Choppes, de 20 à 50 centilitres, ordinaires, de	22 à 28	0,16 à 0,26
— — taillées, de	32 à 43	0,14 à 0,24
— — coniques, moulées, de	12 à 24	
Bocks à pied, de	30 à 50	0,50
Verres Mazagran, de	35 à 40	0,30 à 0,32 d. c.
Gobelets, de	16 à 52	0,065 à 0,24
Verres coniques à jambes rapportées, de	21 à 40	0,24 à 1,00 d. c.
— à champagne, de	36	0,38 à 0,70 d. c.
— à fond rond, de	20 à 38	
— demi-minces, de	20 à 35	
— coniques, moulés à demi-côtes plates, de	18 à 26	
— à pied, de	16 à 30	0 12 à 0,30
Bobèches, de	8 à 12	0,08 à 1,05
Pots à confitures, de	8 à 19	0,075 à 0,35
Bocaux, de	13 à 90	0,13 à 0,90
Bouteilles à fruits, de	18 à 50	0,10 à 0,50
Encriers, etc., etc.	. . . . .	0,065 à 0,10

Autres tarifs pour la verrerie.

Plaques de propreté de	0.45 à 3.35
Tours de bouton	0.60
Entrée de clef	0.75
Entailles	0.50

Tarif des glaces

Avec 5 p. 100 d'escompte et 5, 10 et 15 p. 100 de rabais, suivant le choix.

$0^m,06$ de large sur	$0^m,18$ de haut.			0^f30^c
0 ,51	—	0 ,51	—	8 65
0 ,63	—	0 ,87	—	20 85
1 ,02	—	1 ,11	—	54 —
1 ,83	—	1 ,83	—	210 —
2 ,04	—	2 ,07	—	279 —
2 ,04	—	2 ,79	—	408 —
2 ,04	—	3 ,24	—	496 —

On en fabrique jusqu'à $3^m,37$ de large sur $5^m,36$ de hauteur, mais pour les mesures de $2^m,04$ de large à $3^m,25$, il faut traiter de gré à gré avec la compagnie.

Nomenclature des principaux articles

Composant notre quatrième classe.

Service de table : Bouteilles, carafes, siphons, verres, coupes, salières, verres à pied, à champagne, à liqueurs, etc., etc., huiliers, compotiers, cloches à fromage, etc., etc.

Service de confiseur, limonadier, épicier : Confitures, conserves, comprenant bocaux, vases, bouteilles, verres, choppes, canettes, mohs, petits verres à liqueurs, verres à glaces, sirops, sorbets, pots et vases en verres à confitures, à conserves, etc.

Service de pharmaciens et de distillateurs[1] : Grands et petits bocaux, bouteilles à sirops, spécialités, flacons, fioles, biberons, seringues, yeux factices, etc.

Service de chimie : Tubes, cornues, vases industriels, à vernis, à essences, à acides, grandes et petites bonbonnes, récipients de toutes sortes, entonnoirs, bouchons en verre, articles de laboratoire, appareils divers, ballons, télescopes, etc., manomètres, thermomètres, etc., tubes, etc.

Service de parfumerie : Bouteilles, vases, fioles, etc., etc.

Service d'éclairage et d'ornement : Vases d'ornement de toutes sortes, etc., verres à lampes, globes, godets, bobèches, etc., boutons de portes et d'escaliers, aquariums, grandes et petites fontaines, lustres, vases, coupes, surtouts de table, candélabres, vitraux artistiques et d'église, etc., tuiles creuses et plates pour toitures, verres pour passages, etc.

Service d'horticulture : Couches, cloches, serres, etc.

Service d'horlogerie : Globes à pendules, à vases, à fleurs, à fruits, etc.

Verres d'optique : A lunettes, cadrans, montres, horloges, photographie.

Perles : Verrerie à tubes et à tiges pour perles, chapelets, broderie, verre à cylindre, verre filé, verre fondu pour bijoux, corail en verre, etc.

Services divers : Plaques de propreté, encriers, serre-papiers, timbres, lettres en relief pour enseignes, écussons, et toute la bimbeloterie et la gobeleterie non comprises encore dans les classes précédentes.

---

1. A Nancy seul (60,000 habitants) la pharmacie consomme plus de 60,000 fioles neuves, valant de un centime et demi à 10 et 15 centimes pièce.

Classification des industries

Payant taxe commerciale.

Classe 1.

Toutes les fabriques, usines, manufactures, bureaux, magasins, cabinets, ateliers, etc., où se fait un commerce quelconque payant une patente.

Classe II.

Assureur maritime, armateur, banquier ayant deux millions de capital et au-dessous, crayons (fabrique de), glucose (fabrique de), malt (fabrique de), pipes (fabrique de), plâtre (fabrique de), bois de brosse (fabrique de), calorifères (fabrique de), enclumes (manufacture d'), fonderie de cuivre, scieries mécaniques, minières non concessibles.

Classe III.

Armateur pour le long cours, banque de 2 à 10 millions, bateaux à vapeur, conserves alimentaires (fabrique de), étain pour glaces (fabrique d'), pointes (fabrique de), poteries, savon, acier fondu, naturel, agrafes, aiguilles, armes de guerre, blanchisserie de toiles mécanique, bouchons de liége, briques combustibles, caoutchouc, chaussures par procédés mécaniques, cocons (filerie de), conservation du bois, des toiles et des cordages (établissement de), diligences partant tous les jours, faïence (fabrique de), faux et faucilles (fabrique de), fer-blanc, ferronnerie, fonderie de cuivre et de bronze (entrepreneurs de), fabrique de gobeleterie, de guimperie, de pièces d'horlogerie par procédé mécanique, d'huile de goudron, d'instruments de mathématiques, optique, physique, de jus de betteraves, de limes, de lin ou de chanvre, martinets (usine à), moulins à moudre, battre, triturer, broyer, pulvériser, presser, mouliniers en soie, papeterie à la mécanique, papiers peints pour tentures, patouillet ou lavoir de minerai; peignerie ou carderie de coton, de laine ou de bourre de soie, fabrique de peignes à la mécanique, peinture sur verre, plumes métalliques, fabrique de porcelaines, de scies, teinturerie pour les fabricants ou marchands, verrerie, fabrique de cordes, de drap feutré, filature de laine, de chanvre ou de lin, filature de coton, de déchets ou bourre de soie, imprimeries d'étoffes et de fils, lacets, fabrique à métiers, toutes les professions imposables seulement au droit proportionnel (15e de la valeur locative), ou professions libérales.

Classe IV.

Assurances non mutuelles, banquiers ayant plus de dix millions de capital, canaux navigables avec péage ou canaux d'irrigation, Crédit mobilier, fournisseurs généraux d'habillement, de subsistances, de chauffage et de lumière, de fourrages, tontines, fabrique de coke, fontainier-sondeur et foreur de puits artésiens ou autres, raffinerie de sel, brosserie, chaudronnerie pour appareils d'industrie, clous et pointes, fabrique de couverts en argent ou en alliage, de cristaux, exploitants d'eaux minérales et thermales, fabrique d'épingles, fonderie, galvanisation de fer, galvanoplastie, gaz pour l'éclairage (fabrique de), fabrique de porcelaines, de produits chimiques, de quincaillerie, de sucre, transports de la guerre (entrepreneur de), usine à tirer l'or et l'argent, ustensiles en fer battu par procédé mécanique, fabrique de vis, de cordes, retordeur de fil de coton, chanvre, lin, constructeurs de machines à vapeur et autres grandes machines, adjudicataires d'octroi, entrepreneurs de travaux publics.

Classe V.

Banque de France et succursales, Crédit foncier, chemins de fer, entreprise générale des convois militaires, maîtres de forges et hauts-fourneaux, manufactures de glaces, entrepreneurs de laminerie, entreprise générale des lits militaires et des transports militaires, du transport des tabacs, gaz de Paris.

Grandes sociétés de banque ayant plus de 30 ou 40 millions de capital.

Tableau X.

Amortissement des 900 millions.

Années.	Millions.	Intérêts de l'année.	Amortissement de l'année.
		Millions.	45 millions pendant 20 ans. —
1re.	900	45	$45 \times 20 = 900$ millions.
2e.	855	42	
3e.	810	40	
4e.	765	38	
5e.	720	36	
6e.	675	33.5	
7e.	630	31.5	
8e.	585	29.5	
9e.	540	27	
10e.	495	25	
11e.	450	22.5	
12e.	405	20.5	
13e.	360	18	
14e.	315	15.5	
15e.	270	13.5	
16e.	225	11	
17e.	180	9	
18e.	135	7	471 millions │ 20
19e.	90	4.5	
20e.	45	2	23.5
		471	

Soit 23 millions et demi d'intérêt annuel moyen.

45 — d'amortissement.

68 — rentrant annuellement à l'État.

Les premières années, il rentrera 20 millions de plus que ces 68 millions, et les dernières, 20 millions de moins que cette moyenne.

Amortissement des glaces existantes.

Années.	Sommes.	Intérêts.	Amortissement.
	Millions.	Fr.	
1re.	24.00	1,200,000	1,200,000 pendant vingt ans. —
2^e	22.80	1,140,000	1,200,000 × 20 = 24 millions.
3^e	21.60	1,080,000	
4^e	20.40	1,020,000	
5^e	19.20	960,000	
6^e	18.00	900,000	
7^e	16.80	840,000	
8^e	15.60	780,000	
9^e	14.40	720,000	
10^e	13.20	660,000	
11^e	12.00	600,000	
12^e	10.80	540,000	
13^e	9.60	480,000	
14^e	8.40	420,000	
15^e	7.20	360,000	
16^e	6.00	300,000	
17^e	4.80	240,000	
18^e	3.60	180,000	8,600,000	20
19^e	2.40	120,000	
20^e	1.20	60,000	430,000
		8,600,000	

Nous avons dit que nous ne comptions que pour 2 millions les glaces qu'il faudrait atteindre, ne voulant engager personne à se défaire de celles qu'on possède. On les estimerait à peine au trentième de la valeur qu'ont actuellement les seules glaces des appartements.

2 millions de glaces pendant 12 ans donnent 24 millions, soit :

       430,000 d'intérêt annuel moyen.

     1,200,000 d'amortissement.

     1,630,000 rentrant annuellement à l'État.

Même observation qu'à l'autre tableau sur la rentrée annuelle.

FIN.